JN091242

はじめに

　同人誌即売会とはオリジナル作品，二次創作を問わず，個人または有志で作られた小説・漫画などの書籍，ゲーム，音楽などを配布・頒布・販売するイベントであり，表題における同人誌活動とは，同人誌の執筆と頒布の両方を一緒にした一連の活動を指す．規模による明確な定義は存在しないが，定期・不定期開催にかかわらずイベントとしてホールなどを貸し切り催されるものであり，たとえ同人誌の購入が可能でも，委託書店などは同人誌即売会と呼ぶことはできない．

　コミックマーケットは，同人誌即売会の中でも特に長い歴史を持ち，文化的な影響力も強いとされる．盆と年の暮れのそれぞれ年2回の開催で年間のべ100万人を動員し，参加するサークル数も10万弱に達する国内最大規模の同人誌即売会である [藤田 2004]．その中に「アイドルマスター」と呼ばれるジャンルが設定されている．「アイドルマスター」はバンダイナムコゲームスが制作したアイドル育成シミュレーションゲームであり，そのシリーズ・派生作品を扱うサークル数は近年着実に増加してきた（表1参照）．全体の傾向としてはC91[*1]には1,231であったが，C97には1,426となり，3年間に16%増加している．

表1　「アイドルマスター」を扱うサークル数の推移 [Myrmecoleon 2019]

	C91	C92	C93	C94	C95	C96	C97
サークル数	1,231	1,108	1,384	1,262	1,562	1,416	1,426
前回比*	—	0.900	1.249	0.912	1.238	0.907	1.007

*前回比は筆者の計算による．

　「アイドルマスター」シリーズが人気ジャンルとして一定の地位を獲得してきた要因として，ファンがそれぞれ行った積極的努力に依る部分は大きい．インターネットの普及やヴァーチャル空間の広がりに応じた部分もなくはないが，製作委員会方式によって市場環境から自ずと形成された受動的努力のみで完成したものでない点は特筆すべきである．

　もちろん企業努力はある．製作委員会方式によるメディアミックス展開や，作品をモチーフとしたゲームのリリースを始めとした多角的な演出 [想田 2016] には，出演声優によるライブも含まれており，メディアの壁を越えた事業展開によって，三次元的な存在である声優と二次元的な存在であるアニメアイドルとの連結が成された結果，新たなファンを獲得できたのではないかとも推測できる．

　一方でファン自らの行った努力として第一に挙げられるのが，同人誌の制作である．これは三次元のアイドルには不可能な画期的作用であり，あらゆるシチュエーションを頭の

[*1] 編注：Cはコミックマーケットの略称．C91は「コミックマーケット91」を指す．C98はサークル数のデータはあるが実際には開催されなかったため除外．C99は開催日が2日に減ったため全ジャンルで当選サークルが減っており単純比較できないため除外．

中に留め，同じ二次元と言う場にある程度のリアリティを持って「アイドル」を顕在化させることが可能になった．これはアニメアイドルだからこそ可能なものである．我々と同じ空気を吸い，実際にディスプレイの奥に存在する三次元のアイドルは不可侵に近い．

だが，同人誌即売会は 2020 年から 2021 年現在まで，新型コロナウイルスの感染拡大により，相次ぐ中止や規模の縮小を余儀なくされている．実際に私が今年参加した「アイドルマスター」のみを扱う同人誌即売会では，会場全体に寂しい雰囲気が漂っていたのは記憶に新しい．会話が原則不可能とされたため，人の声はほとんど聞こえず，人数制限と参加の自粛により会場は疎らになり，参加を断念したサークルによる空きの机も目立っていた．同人誌即売会はかつての喧騒と熱気を失い，会場内では徹底的な換気と熱気が生まれないほど完全なソーシャルディスタンスの徹底が行われていた．会場内の熱気により蒸発した汗が雲のようなもの，通称 "コミケ雲" を形成していた時代を思い出すと，既にここは同人誌即売会では無いのではないか？ と錯覚させるほどであった．

このような，惨状とも呼ぶべき同人誌即売会の現状を目の当たりにして，私は同人誌文化の存続そのものに対し強い危機感を抱いた．先述した様に，また後にも先行研究を交えて述べるが，同人誌における二次創作は作品全体に重厚さを与えるのみならず，即売会の開催はファンコミュニティの拡大と緊密化に寄与してきた．同人誌の頒布の機会と即売会の機能が失われていくことで，ファンコミュニティの縮小や同人誌執筆機会や参入機会の消失，ひいては同人誌文化が大きなダメージを受ける可能性がある．

私はこのような同人誌文化の衰退を防ぐために，また基本的な対処方法とその指針を得るために，即売会の中止が及ぼした変化にはどのようなものがどの程度存在するのかについて詳細に情報の収集を行い，これを調査し分析を行った．本調査分析を行うことで，今までになかった未曾有のパンデミックにより明らかになった別の視点での同人誌即売会の有用性について，不足していた情報を補完し，新たな議論とそれに与する機会が与えられたなら幸いである．

同人誌文化は，今でこそ社会的な評価の向上があっても，まだまだ完全に日の目を見る状況であると言い切ることはできない．現状の維持さえが，多くの参加者とボランティア，同人誌を愛する人々の有志に依る不安定な綱渡りである．いつでも綱が切れ，文化が静かに崩壊する可能性があることを我々は常々忘れてはならない．人々の「好き」が集まるこの場所を，この文化を，未来の同志の「好き」に繋げるためにも，今こそ，この現状を改善する第一歩として本書を捧げたいと思う．

1　先行研究における同人誌活動

本節では新型コロナウイルスの感染拡大による同人誌即売会と同人誌執筆への影響について議論を行うが，その前に，今一度，同人誌即売会の立ち位置について先行研究を参照する．

同人誌とその即売会の重要性は先行研究の中でも度々議論されてきた．その中で社会学者の東園子は同人誌即売会には，作品の発表，活動情報の発信，萌え語り，交流という四

つの機能があると指摘した [東 2013].「作品の発表」は言わずもがな，創作の動機であり原点でもある．筆者は小学生の頃，自分の自由帳のページいっぱいに好きな絵を描いて級友と互いに見せ合った経験があり，この動機に大いに共感した[*2].「活動情報の発信」は，同人誌の奥付（通常は最終ページにある）に作者のメールアドレスや Twitter のアカウントなどを載せ，継続的な情報発信などを可能にすることを指す．「萌え語り」は同人誌即売会ならではの特徴であり，早口であると皮肉られる「おたく」の萌え語りを，最大公約数的に同じ作品を愛する同志で存分に行える限られた機会である．「交流」は三つ目と部分的に重複するが，読み手との交流のことであり，即売会において対面におけるやり取りが重視されるのは言及するまでもないだろう．このように，即売会には同じ趣味の人同士を同人誌といった形で繋ぐ重要な役割があると考えられる．

しかしながら東は同時に Twitter や pixiv などの SNS の台頭により，同人誌即売会の意義が揺らいだとも述べている．曰く，pixiv は作品発表の場として機能しており，さらに Twitter では他の三つの機能を併せ持つため，この二つの SNS が二次創作の文化に浸透したのは「pixiv と Twitter の両方を使うことで同人誌の四つの機能がそろい，両者が相互補完的な関係にある」からであるとしている [東 2013]．一方でインターネット時代にこそ，紙の同人誌を頒布する理由が強く浮かび上がってくるとも主張している．東は同人誌の機能の中で，萌え語りと交流に対しては即売会の方に優位性があるからこそ，今でも対面で行われているのだろうと述べている．同人誌即売会には入場料や現地に赴くためにかかる経費などが存在し，これを抑えるために Twitter で萌え語りや交流ができるとしても「紙メディアは『あえて同人誌にする』，『あえて即売会に行って対価を払う』と言う『あえて』何かをする対象と言う意味合いを強く帯びてくる」からこそ，同人誌即売会はより純度の高い交流を行うことが可能になると指摘する [東 2013]．

また玉川博章においては，コミックマーケットが即売会機能に特化したことで，個人の参入を許容し，創作の場において平等な表現の機会を創ることができたと主張している [玉川 2007]．実際表 2 より未だに同人誌頒布の機会としては同人誌即売会が優勢であり，委託書店等の利用が高いハードルであるとの一般の認識を踏まえると，同人誌即売会が同人誌発行の機会均等を保証している場としての論を補強するものである．

表 2　委託書店と比較した頒布部数の割合 [Comiket 2015]

	委託していない	委託書店<即売会	委託書店≒即売会	委託書店>即売会
男性	8,221	917	446	793
女性	23,974	1,955	363	311

[*2] 専ら迷路制作に勤しんでいた．

相田美穂は自身が実際にコミックマーケットにサークル参加した経験を挙げ，その際の金銭的な収支が赤字であることを「計算するまでもない」と評した [相田 2005]*3．さらに自身が売り子としてコミックマーケットに参加したのみではなく，同時に買い手でもあるとし，そういった点では売り手も買い手も区別なく，純粋に作品を楽しむファンであると考えることができる．実際にコミックマーケットの代表であった米沢嘉博は「コミケット*4の参加費や交通費 etc を考えに入れれば，ほとんどの参加者はお金を出して同人誌活動を続けているのである」と相田の論を補強している [米沢 1989]．

　また即売会に買い手として参加した視点では，作家の江上冴子が「同人誌では，憧れの作家さんの手から本が買えるばかりか，運がよければお話なんかも出来てしまうのです．商業誌では，作家本人と会うことなんて不可能だから，別世界と言う印象を受けてしまいます．しかし，同人誌ではどんな有名な作家さんでも自分で本を作ってイベントに売りにきているので，『描く』人と『読む』人の間に『親近感』があります．ここが，商業誌と同人誌の最大の違いです」と述べている [江上 1994]．加えて，準備会が行なったコミックマーケットに参加する理由についてのアンケートでは 79% のサークルが参加の理由について「ファンや友人を増やせる」と回答していることから，やはり同人誌即売会はファンの交流の機会としての機能を持つだろう [Comiket 2015]．

　一方で前述の相田は江上とは対照的に，現在のコミックマーケットではサークルと買い手の個人の間では盛り上がるといった様な関係を作ることはない，と述べている．これは意見の食い違いではなく，時間と共に両者の関係が変化したためであるとしており，その理由については二次創作の用語を使うと「解釈違い」といった単語に集約することができると考えている．「解釈違い」とは，キャラクターの心情やキャラクター間の人間関係などのイメージが創作物に顕在化した際に，自身のイメージと合致しない状況を表したものである．相田は「サークル，一般問わず自己の好みと合致しないものに対する嫌悪感は激しい」とした [相田 2005]．こうした解釈違いを互いに嫌悪しあう結果，受け手，つまりは売り手でも買い手でも，ある互換性のある存在の作品への態度が変容することで，自身の解釈を盾に解釈違いの作品を否定することが可能になり，これがファン同士の交流が積極的なものから消極的なものへと遷移し，盛り上がるといった関係を構築しにくくしている大きな要因であると結論した．

　しかしながら実際にはコミックマーケットに参加する人は絶えない．潜在的に相互の価値観の相違を忌み嫌い，作品に対するファン同士のコミュニケーションを忌避する傾向があっても，なぜ参加者が絶えないのか．これに対し相田はコミックマーケットに参加することで「コミックマーケットに参加する自己」を認識することが可能になるからであると

---

*3 C66 に伴う支出：交通費:約 58,000 円（往復航空費，一泊一朝食）× 3 名分 約 3,000 円（広島空港までの往復高速道路利用料）約 1,000 円（広島空港駐車場使用料一泊分）ガソリン代（約 120 km 分）　サークル参加費:7,000 円，参加による収入は同人誌売り上げ約 15,000 円のみ．
*4 コミックマーケットの略称の一つ．

した．参加者にとってはコミックマーケットに参加すること自体が目的であり，個々の解釈違いに目を瞑って全体の中に溶け込むことで，コミュニケーションと言ったリスクを経ずとも，より消極的に，膨大な参加者から承認されたと思い込むことで自己を確立させることを可能としているのである [相田 2005]．この知見がより具体性を持って統計として示されたのがコミックマーケット準備会が行ったアンケートである [Comiket 2005]．コミックマーケットの魅力について一般参加及びサークルに対して行ったアンケートでは，一般においては最大多数の回答として 26.3%，サークルにおいては二番目に多い回答として 21.3% がコミックマーケットが「お祭りのような雰囲気であること」を魅力として挙げている [Comiket 2005]．

　一方で八尾典明は，以上のような先行研究を批判し，コミックマーケットに参加する大衆を一般化することに主眼に置く傾向が見られ，コミックマーケットに参加する主体としての個人の体験に深く立ち入ったものや，あくまでコミケといった「巨大で特異な同人誌即売会の記述に終始」しているのみであって，全体を網羅的に記述するには具体性に欠けると指摘した [八尾 2018]．そこで彼は実際に二次創作を行い，同人誌即売会に参加経験のある 7 人にインタビュー調査を行った．その中で，彼は同人誌即売会に至るまでの各個人の経験と経緯を「連なり」と表現し，一見関係のない「連なり」も全てが同人誌即売会を中心に「全て密接に絡み合っている」と結論した．さらに同人誌即売会を交流の場と一般化した先行研究に対し，必ずしも知己を得るのは容易ではないが顔馴染みになった知己との話す場として機能しており，売り手と買い手のような立場の違いはありえども「顔なじみの人と会える場所」であると，より具体性を持って同人誌即売会における交流の側面を分析した [八尾 2018]．

　このように先行研究において，かつて同人誌即売会には「交流」といった重要な役割が与えられており，それは一部現在にも引き継がれていること，一方でそれを包括する巨大な二次創作ネットワークの容れ物，または最も基幹の部分として機能していると考えることができると言った視点で一致を見ており，同人誌即売会の重要性として，多方面から自分の「好き」を求めて人々が集い，対面で行われる点が再確認できたと考える．本研究では次節より，アンケートによる調査を軸に，同人誌活動を行う個人に対して即売会の中止が与えた同人誌活動への影響について分析し，先述した先行研究の補強と論点の分析を主眼において進めていく．

2 調査方法と内容

　アンケート調査の方法と内容について以下に示す．

2.1 調査方法

　本調査では，これまで「アイドルマスターシャイニーカラーズ」に関する同人誌の頒布を行なった経験のある 17 名を対象に，Google のアンケートフォームを用いて回答を集めた．

2.2　調査内容

同人誌即売会の中止に関する質問を中心に自身にどの様な変化があったか，また同人誌即売会そのものへの意義や考え方などについて，二つの大項目と9個の質問を用意した．その9個の質問項目について，ここに列挙していきたい．

大項目 I　即売会に関する基本的な情報
1) **即売会の参加の目的**（選択式・複数選択可）
2) **他サークルの同人誌の入手方法**（選択式・複数選択可）
3) **なぜその方法で同人誌を購入するのか，その理由**（記述式）

大項目 II　即売会の中止と規模の縮小による変化
1) **同人誌即売会の中止による執筆冊数の変化**（選択式）
2) **同人誌即売会の中止と執筆参入機会の関係について**（選択式）
3) **同人誌即売会の中止と執筆のモチベーションの変化**（選択式）
4) **同人誌即売会の中止と作品への興味の変化**（選択式）
5) **同人誌即売会の中止と生活中に占める二次創作へ取り組む時間的・精神的割合の変化**（選択式）
6) **同人誌即売会の中止とその他身の回りの変化**（記述式）

大項目 I は同人誌即売会への参加や同人誌購入方法などについて，三つの質問を用意した．「**即売会の参加の目的**」と「**他サークルの同人誌の入手方法**」に関する質問は，それぞれ複数選択可の選択式とし，「**なぜその方法で同人誌を購入するのか，その理由**」については記述による具体的な回答を求めた．「**他サークルの同人誌の入手方法**」に関する質問は，[Comiket 2005] で行われた同様の質問の項目に，「通販など」の選択肢を加えて実施した．これは近年委託書店やインターネット上のフリーマーケットサービスが独自の発展を遂げている現状を鑑みてのことである．

大項目 II は，同人誌即売会の中止による影響を具体的に明らかにするために，六つの質問を用意した．同人誌即売会の中止による執筆と頒布に対する影響についての五つの質問に加え，その他具体的な同人誌活動への影響を調査するために「**同人誌即売会の中止とその他身の回りの変化**」については記述による回答を求めた．

これらの質問において，該当する前提条件（例えば同人誌即売会に頒布の目的で参加したことはあるが，執筆の経験はないなど）によって回答者数が変動する場合がある．具体的には，結果 1 と結果 2 に関しては目的や手段が重複する場合は複数回答がなされるため回答の合計が 17 を超えた．また，結果 5 の 3 件の回答は結果 4 で「執筆はしない」と回答したことが前提である．

また調査対象の母数が 17 名と少ないことから，本調査が同人誌活動全体の影響を一概に評することはできないかもしれない．ただし概観として，その影響の傾向は掴むことはできるだろう．

3　調査結果

結果1　即売会の参加の目的

	頒布	購入	他サークルとの交流	ファンとの交流	利益が見込めるため
人数	17	11	11	8	3
割合	100%	65%	65%	47%	18%

結果2　他サークルの同人誌の入手方法

	同人誌即売会	メロンブックスなどの委託書店	通販など
人数	17	11	7
割合	100%	65%	41%

結果3　なぜその方法で同人誌を購入するのか，その理由

- 即売会の空気感の中で本を購入するのが楽しいから（即売会）
- 即売会で買えなかった本，即売会に行けなかった時にすごく欲しい本（委託書店）のみ購入
- 作者から直接買いたいから（即売会）
- イベントを楽しむついでに近い（即売会）
- 通販の利用が面倒，また booth でもない限り大手サークルしかいないため選択の幅が狭められるから（即売会）
- 特にお目当ての同人誌があればあらゆる手段でも入手したい（即売会・委託書店・通販）
- 初めて会う同人誌は即売会の「場」をきっかけにしなければ難しい（即売会）
- 二次創作により発生する経費以外の余剰金（利益）は好ましくないと考えるため（即売会・委託書店・通販）

結果4　同人誌即売会の中止による執筆冊数の変化

	冊数は増えた	冊数は変わらない	冊数は減った・0冊になった	執筆はしない
人数	2	5	5	5
割合	12%	29%	29%	29%

結果 5　同人誌即売会の中止と執筆参入機会の関係について

	即売会の中止に関係なく執筆機会を逃していた	中止により執筆機会を逃した
人数	2	1
割合	67%	33%

結果 6　同人誌即売会の中止と執筆のモチベーションの変化

	上がった	変わらない	下がった
人数	0	8	8
割合	0%	50%	50%

結果 7　同人誌即売会の中止と作品への興味の変化

	興味・関心が増した	変わらない	興味・関心は薄れた
人数	0	16	1
割合	0%	94%	6%

結果 8　同人誌即売会の中止と生活中に占める二次創作へ取り組む時間的・精神的割合の変化

	割合は増えた	変わらない	割合は減った
人数	2	8	6
割合	13%	50%	38%

結果 9　同人誌即売会の中止とその他身の回りの変化

- 一般参加，サークル参加共に参加予定だったイベントが中止になり，本を作る回数も購入する冊数も大きく減った
- 執筆しているジャンルは広がり作者の量も増えたが同人誌として出版される量は減ったと感じる．
- 即売会等で参加者の人数も大幅に増えていないため寂しくも感じる．
- 部数がはけない，会場での突発購入がなければ弱小サークルは全く売れないことを実感した．
- ネットに上げる頻度は増えた．

3.1 クロンバックの α 係数

検討に先立ち，各尺度の内的整合性を取るためにクロンバックの α 係数[*5]を求めた．数値算出の際に用いたデータ処理については，「**同人誌即売会の中止による執筆冊数の変化**」「**他サークルの同人誌の入手方法**」「**同人誌即売会の中止と執筆のモチベーションの変化**」「**同人誌即売会の中止と生活中に占める二次創作へ取り組む時間的・精神的割合の変化**」の四つのデータを即売会の必要性の数値尺度を変数として定義して用いた．これらのデータの数値への変換は具体的に，データがより即売会の必要性がある方向を正の方向として，「**同人誌即売会の中止による執筆冊数の変化**」において「執筆冊数は 0 になった」を 4，「執筆冊数は減った」を 3，「執筆冊数は変わらない」を 2，「執筆冊数は増えた」を 1 とした．また「**他サークルの同人誌の入手方法**」については，「即売会のみまたは即売会が中心である」を 1，「それ以外」を 0 とし，「**同人誌即売会の中止と執筆のモチベーションの変化**」は，「モチベーションは減った」を 3，「モチベーションは変わらない」を 2，「モチベーションは増えた」を 1 とし，生活中の二次創作への割合は，「割合は減った」を 3，「割合は変わらない」を 2，「割合は増えた」を 1 とした．

$$\alpha = \frac{m}{m-1}\left(1 - \frac{1}{\sigma_x^2}\sum_{i=1}^{m}\sigma_i^2\right)$$

計算の結果 $\alpha = 0.699$ となり，これは概ね基準値 $\alpha \geq 0.7$ を満たすと判断し，このデータにはある程度の整合性があると結論した．

3.2 共分散構造分析

今回の調査結果について，新型コロナウイルスの感染拡大の同人誌活動への影響を表す仮モデルとして以下のようなパス図を仮定し，検討を行った．

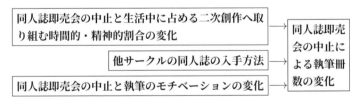

説明変数である「**同人誌即売会の中止と執筆のモチベーションの変化**」及び「**同人誌即売会の中止と生活中に占める二次創作へ取り組む時間的・精神的割合の変化**」は，創作を行う個人と目的変数である「**同人誌即売会の中止による執筆冊数の変化**」との関連についてを示している．

[*5] m は質問の項目数，σ_i^2 は各質問項目の分散，σ_x^2 は各質問項目を合計した尺度得点の分散とする．$0 \leq \alpha \leq 1$ であり，1 に近づくほど相関があるとされる．一般に，0.7 から 0.8 以上とされていることが多い [藤田 2013]．

説明変数の「**他サークルの同人誌の入手方法**」は，同人誌の頒布の場として同人誌即売会が中心として機能していることを示す．先行研究の章で先述したように，委託書店にて同人誌を頒布するサークルは表 2 より 13% 程度に留まっていることから，本研究の調査結果を踏まえると，同人誌即売会の中止と規模の縮小は，潜在的な同人誌市場の 8 割に頒布の機会提供を与えないことが示唆され，同人誌を入手する経路についても即売会が中心となっているだろうことから，これらの要因が直に執筆冊数へ影響しているのではないかとの仮説を立てるに至った．これら三つの説明変数と目的変数の関連について，以下で検証していく．

アンケート結果及び仮定したパス図を用いて重回帰分析[*6]を行なった結果を以下に示す[*7]．分析に用いたデータは「**同人誌即売会の中止による執筆冊数の変化**」「**他サークルの同人誌の入手方法**」「**同人誌即売会の中止と執筆のモチベーションの変化**」「**同人誌即売会の中止と生活中に占める二次創作へ取り組む時間的・精神的割合の変化**」であり，クロンバックの α 係数を導出した際に用いたデータと同様である．

結果 10　回帰統計と分散分析表

			自由度	変動	分散	有意 F
重相関 R	0.85	回帰	3	6.22	2.07	0.013
R^2	0.72	残差	8	2.45	0.31	
補正 R^2	0.61	合計	11	8.67		

結果 11　結果 10 と合わせて重回帰分析

	係数	標準誤差	t	p 値	下限 95%	上限 95%
切片	−1.14	0.89	−1.27	0.24	−3.20	0.93
他サークルの同人誌の入手方法	−0.50	0.44	−1.14	0.29	−1.50	0.51
同人誌即売会の中止と執筆のモチベーションの変化	0.72	0.39	1.84	0.10	−0.18	1.63
同人誌即売会の中止と生活中に占める二次創作へ取り組む時間的・精神的割合の変化	0.87	0.31	2.80	0.023	0.15	1.58

[*6] 一つの目的変数を複数の説明変数で予測するもの．説明変数が一つの場合は単回帰分析と呼ばれる．

[*7] 編注：以下の解析では母数を鑑み結果を四捨五入して有効数字 2 桁あるいは小数点以下 2 桁で示した．

結果 10 の補正 R^2 が一般的に有意であるとする基準である 0.6 以上であること，また有意 F が 5% 未満であることから説明変数は目的変数に寄与していると考えられる．回帰式[*8]の定数を表す係数，t 値，p 値に注目すると，係数では値の大きい「**同人誌即売会の中止と執筆のモチベーションの変化**」と「**同人誌即売会の中止と生活中に占める二次創作へ取り組む時間的・精神的割合の変化**」が目的変数に大きく寄与していると考えられるが，一方で t 値，p 値に着目すると「**同人誌即売会の中止と執筆のモチベーションの変化**」は目的変数に寄与している説明変数であるとは考えにくい．以上のことから有意ではない「**他サークルの同人誌の入手方法**」と「**同人誌即売会の中止と執筆のモチベーションの変化**」が回帰分析に影響を与えていると判断し，この二つの値を取り除いた上で再び目的変数と説明変数「**同人誌即売会の中止と生活中に占める二次創作へ取り組む時間的・精神的割合の変化**」のみで単回帰分析を行なった[*9]．

結果 12　回帰統計と分散分析表

			自由度	変動	分散	有意 F
重相関 R	0.76	回帰	1	5.02	13.76	0.0040
R^2	0.58	残差	10	3.65	0.36	
補正 R^2	0.53	合計	11	8.67		

結果 13　結果 11 と合わせて単回帰分析

	係数	標準誤差	t	p 値	下限 95%	上限 95%
切片	0.29	0.58	0.51	0.62	-0.99	1.58
同人誌即売会の中止と生活中に占める二次創作へ取り組む時間的・精神的割合の変化	0.94	0.25	3.71	0.0040	0.38	1.51

　その結果，結果 12 より補正 R^2 は 0.53 であるが，補正 R^2 はそもそも説明変数が増え

[*8] 説明変数が n 個ある時の回帰式は，$y = \sum_{i=1}^{n} a_i x_i = a_1 x_1 + a_2 x_2 + a_3 x_3 + \cdots + a_n x_n$ である．

[*9] 編注：以下の解析では母数を鑑み結果を四捨五入して有効数字 2 桁あるいは小数点以下 2 桁で示した．

るほど値全体が有意に働く重相関の値を観測数を用いて調節した数値[*10]であり，今回のような単回帰分析の際は重回帰分析ほどの数値の調整による厳密さを要さないことから，0.5 程度を許容範囲の数値として扱う．また結果 13 の t 値，p 値に注目するとどちらも**「同人誌即売会の中止と生活中に占める二次創作へ取り組む時間的・精神的割合の変化」**に有意であるから，目的変数へ寄与する説明変数は**「同人誌即売会の中止と生活中に占める二次創作へ取り組む時間的・精神的割合の変化」**のみである．よってパス図は以下のような結果となった．

同人誌即売会の中止と生活中に占める二次創作へ取り組む時間的・精神的割合の変化	→	同人誌即売会の中止による執筆冊数の変化

4 考察

本研究では同人誌即売会の相次ぐ中止による同人誌活動への影響について，具体的な執筆冊数の変化や同人誌即売会の目的などのデータを調査することで，どの程度同人誌活動へ影響があったのか，また同人誌活動に最も影響を与えた要因が何であるのかについて検討を行った．以下では結果を踏まえて考察を行う．

4.1 先行研究との比較

先述のように同人誌即売会には交流を目的に参加すると答えた割合が 79% とした先行研究 [Comiket 2015] に対して，本研究において同人誌即売会の目的を「他サークルとの交流する」とした回答者は 64.7% であり，これは同先行研究並びにその他の先行研究（例えば [東 2013] など）の知見を支持したと言える．また同人誌の入手方法について回答者全員が同人誌即売会を挙げ，64.7% が委託書店を，41.2% が通販等も利用していると回答した．これは [Comiket 2005] における書店委託同人誌購入量に関する調査に対応する結果であり，これは 20 年弱を経ても同人誌頒布に対する市場と意識の傾向が変わってないと言える [Comiket 2005]．

[*10] p は説明変数の数，S_e を観測値と重回帰式による推定値の差（残差）の二乗の和である誤差変動，S_t を目的変数の平均値と観測された値との差の二乗の和（偏差平方和）である総変動であるとすると，補正 R^2 は，

$$R^2 = 1 - \frac{S_e/(n-p-1)}{S_t/(n-1)} = 1 - \frac{S_e}{S_t} \times \frac{n-1}{n-p-1}$$

であり，n と p を含む項に注目すると，説明変数の増減によって補正されていることがわかる [統計 WEB 2017]．

表 3 　委託書店同人誌購入量 [Comiket 2005]

	しない	即売会＞書店	即売会＝書店	即売会＜書店
男性	22.8%	57.5%	11.5%	8.2%
女性	46.1%	49.1%	2.1%	2.7%

　また，「**他サークルの同人誌の入手方法**」と言った質問に対して「（即売会で購入する理由は）作者から直接買いたいから」との回答がなされたことにも注目すべきである．これは即売会に対面での交流や「読み手」と「描き手」の親近感を育む機能があることを示している．江上冴子による先行研究によれば，このような親近感を生じさせる両者の交流は商業誌にはない同人誌との最大の違いであると述べており，これもまた先行研究を支持したと言える [江上 1994].

4.2 　本研究によって得た新たな知見

　ネット通販の充実や大都市を中心として委託書店が全国展開されても，未だ同人誌即売会が同人誌の最大の市場として機能していることは先行研究や本調査などによって既に明らかになっている．一方で，同人誌即売会で同人誌を購入する割合や表面的なデータのみではなく，その場で購入する意義等について具体的な調査に踏み込んだ先行研究は見当たらなかった．よって，本研究においてはこれらの意義等に関する質問を行なった結果「会場での突発購入がなければ弱小サークルは全く売れないことを実感」「初めて会う同人誌は即売会の『場』をきっかけにしなければ難しい」「booth*11 もない限り大手サークルしかいないため選択の幅が狭められるから」等の回答を得た．これは [玉川 2007] が記した，個人の同人誌活動への参入と創作の場における平等を与える場所としての同人誌即売会が失われる可能性があることを示唆している．しかしながらこれらの結果が規模の小さいサークルの同人誌活動からの撤退に直接繋がるとは考えにくい．根拠として，コミックマーケットの魅力について参加サークルにアンケートを行なった先行研究では「自分の作品を見てもらえること」に最多の 41.5% が該当するとの回答をしており，また [米沢 1989] や [相田 2005] にも注目すると，特に同人誌活動の根幹の動機は言うならば「自己満足的な創作」であるとの認識が 30 年余りに渡って継続して持たれており，このような現状から同人誌活動に利益を求めているサークルは少数派であると言える [Comiket 2015]．またこの知見を支持するように「二次創作により発生する経費以外の余剰金（利益）は好ましくないと考えるため」と例え同人誌で利益を得たとしてもそれは同人誌に還元すべきであるとする，いわば同人誌域内経済思想が一部独自に発展していることも踏まえると，純粋に「売れない＝同人誌活動の継続ができない」と安易に等式で並べることは不可能だろう．

---

*11 booth とは pixiv と連携した "創作活動がより楽しくなる" ショップ作成サービス.

一方，初めての同人誌を頒布する機能を有するのは現状においても同人誌即売会のみであり，同人誌即売会の中止と規模縮小により展開可能なサークル数上限が減ることで競争が激化し，参入機会そのものが阻害される可能性があることは考慮すべきである．

5　今後の課題

今回の研究を経て同人誌即売会の中止による同人誌活動の影響についてその輪郭と概観を掴むことができた．一方で一部因果関係が不明瞭であったり，調査の過程で新たに浮かび上がってきた課題もあり，本章においてはこれら今後の課題についてまとめ直した上で今後の指針としたい．まず「**なぜその方法で同人誌を購入するのか，その理由**」の質問に対し，同人誌即売会の場の空気と購買意欲の高まりが相関関係があるとするような回答が見られたが，その他の要因がある可能性を考慮すると直ちにこれらが因果関係にあると発展して断じることはできず，これらの関係の詳細については今後の調査目標としたい．

一方，「**同人誌即売会の中止と生活中に占める二次創作へ取り組む時間的・精神的割合の変化**」の結果は概ね全体として減少の傾向が見られたが，一部増加したと答えた割合が12.5%であることは決して無視できないと考える．この数値は，感染拡大防止のために政府が要請した外出の自粛や，テレワーク・オンライン授業の推進によって相対的に家に居る時間が増えたことが要因の一つとして推察されるが，これらの詳細な要因についても今後の調査で明らかにしてゆきたい．

さらに前章において一部言及した「**参入機会そのものが阻害**」についても，現状と今ある調査結果から推論として導き出されたものであるから今後詳細なアンケート調査を行い実態の解明を行いたい．また，今回は注目しなかった同人誌即売会の重要な構成要素である一般参加する人々を含めて，今後はより広範にデータを収集し分析・検討をしていくべきであると考える．

おわりに

同人誌即売会は，今後も同人誌売買における最大の市場であり続けると予想される．このまま同人誌即売会の規模縮小が長引けば，同人誌文化や二次創作文化への大きな打撃になることは間違いないだろう．自分が好きなものを人と共有し合うこと，それは憲法により保障された思想や言論の自由よりも我々に深く根ざした根源的な営みである．それを今日の規模にまで広げた先人たちの努力を水泡に帰さぬためにも，また「はじめに」で述べたように次の世代に受け継ぐためにも，我々は今できることを個々人で考え，行動に移す必要がある．

文化的影響力の大きい同人誌文化は，今ではサブカルチャーの一翼を担うまでに肥大化し発展した．これだけの同人誌が発行され，互いの「好き」を共有し交流するシーンは世界でも，いや人類史においても類を見ないものではないだろうか．このような同人誌文化が壮大なサブカルチャー史に埋没するのは，あまりに不本意であるし時期として早すぎるのである．

このまま即売会が規模を縮小したままになり，先述したように同人誌活動への参入機会や参入後の継続した参加がより困難になることによって，人々が同人誌の制作から離れて行くかもしれない未来は，そう遠くないかもしれない．我々が作り上げてきた，誰もが好きに本を印刷出版できる文化が失われるかもしれない現状が確かに目の前にある．我々はそれでも何もできず原作や二次創作を一方的に消費し続け，その文化が完全に衰退するまで呆然と立ち尽くすことしかできないのであろうか．それはかつてのイースター島で起こった悲劇を連想させる．モアイ像の制作と運搬のために石材を切り出し木々をひたすら消費し続けた結果，気付いた時には既に遅く，農耕のための土壌が流失してしまった彼の島では，食糧不足による内部抗争で島の文明は疲弊し崩壊，ついにはモアイ像を作る技術を失ってしまったのである．先行きが不透明であり，いつこの災禍が終わるのか万人が不安に苛まれる中で，誰にも気付かれず静かに，同人誌即売会と同人誌文化そのものが衰退と繁栄の重大な岐路に立たされているのかもしれない．思考の数だけ分岐する愚かな結末を予想できるのならば，我々は決して経験からではなく，賢く歴史から学ばねばならないのである*12．

謝辞

表紙絵を担当してくださった友人であるイラストレーターの国峰ユズキ氏（ツイッター：@yzk_knmn）に心から感謝申し上げます．本誌描き下ろしの美麗なイラストは白黒で印刷するには勿体無いほどで，その絵を見たときの感慨は計り知れないほど深く大きなものでした．そもそも本調査は，国峰氏の広範なる同人誌サークルネットワークの協力を得て行なったものです．アンケートに参加し協力してくださった皆様と重ねて国峰氏にも多大なる感謝を申し上げます．

参考文献

[藤田 2004] 藤田 高弘 ほか．"小さな巨大メディアコミック同人誌の現在 (2)"（2003 年度春季研究発表会ワークショップ報告）．マス・コミュニケーション研究 64 (2004): 204–205.

[Myrmecoleon 2019] myrmecoleon．"ジャンルコード別サークル数一覧（C91〜C97）と冬コミ告知"．「Myrmecoleon in Paradoxical Library. はてな新館」．2019.
https://myrmecoleon.hatenablog.com/entry/2019/12/19/210406

[想田 2016] 想田 充．"「萌え」が死に、「アイドル」が生まれる：受容と環境の変化"．『アイドルアニメ』（ユリイカ 2016 年 9 月 臨時増刊号）．青土社，2016.
ISBN 978-4-7917-0313-5．pp. 89–98.

---

*12 ドイツの名宰相であるオットー・ビスマルクの名言．ドイツ統一の際に推し進めた鉄血政策から鉄血宰相とも呼ばれた彼は，今日に至るまでのドイツの大いなる繁栄の礎を築いた偉人．同人誌活動に関する諸問題は，まさに鉄（赤字覚悟での会場の設営と参加）と血（作品への狂気に近い熱意）によって強硬に解決せねばならないかもしれない．

[東 2013] 東 園子. "紙の手ごたえ ——女性たちの同人活動におけるメディアの機能分化". マス・コミュニケーション研究 83 (2013): 31–45.

[玉川 2007] 玉川 博章. "ファンダムの場を創るということ — コミックマーケットのスタッフ活動".『それぞれのファン研究 — I am a fan』（ポップカルチュア選書「レッセーの荒野」）. 風塵社, 2007. ISBN 978-4-7763-0035-9. pp. 11–53.

[相田 2005] 相田 美穂. "コミックマーケットの現在 —サブカルチャーに関する一考察—". 広島修大論集. 人文編 45(2) (2005): 149–201.

[米沢 1989] 米沢 嘉博. "コミケット—世界最大のマンガの祭典".『おたくの本』（別冊宝島 104）. JICC 出版局, 1989. ISBN 978-4-7966-9104-8. pp. 75–88.

[江上 1994] 江上 冴子. "C 翼からスラムダンクへ—アニパロ同人誌攻略法".『コミケ作家ガイド』. 太田出版, 1994. ISBN 978-4-87233-146-2. pp. 17–30.

[Comiket 2015] コミックマーケット準備会 編.『コミックマーケット 40 周年史「40th COMIC MARKET CHRONICLE」』. コミケット, 2015.

[Comiket 2005] コミックマーケット準備会 編.『コミックマーケット 30's ファイル』. コミケット, 2005.

[八尾 2018] 八尾 典明. "二次創作と同人誌即売会をめぐる語り —東方 project を軸としたそれぞれの体験—". 日本学報 37 (2018): 123–147.

[藤田 2013] 藤田 晴康. "4. Cronbach の α 係数 〜質問票の信頼性の指標〜".「看護研究を楽しむコツ」. 平成 25 年度 新潟精神看護研究会 秋季研修会, 2017. http://ngtskk.xii.jp/kenkyu.html

[統計 WEB 2017] "Excel で重回帰分析（4）—重相関係数と決定係数".「統計 WEB」. 社会情報サービス, 2017. https://bellcurve.jp/statistics/blog/14131.html

新型コロナウイルス（SARS-CoV-2）の感染拡大に伴う同人誌活動の実際について

アイドルマスターシャイニーカラーズの二次創作を基軸として

2021 年 12 月 31 日 初版 発行

著　者	暗黒通信プロダクション （あんこくつうしんぷろだくしょん）
表紙絵	国峰 ユズキ （くにみね ゆずき）
発行者	星野 香奈 （ほしの かな）
発行所	同人集合 暗黒通信団 (http://ankokudan.org/d/)
	〒277-8691 千葉県柏局私書箱 54 号 D 係
本　体	200 円 / ISBN978-4-87310-251-1 C0036

乱丁・落丁は暗黒通信団の二次創作が制作される頃にお取り替え致します.

© Copyright 2021 暗黒通信団　　　　Printed in Japan

ISBN 978-4-87310-251-1

C0036 ¥200E

本体 200 円

9784873102511

1920036002009

THE DARKSIDE COMMUNICATION GROUP